ellas
ellos

Textos
# Silvia Vallejo

Ilustraciones
# Betto

Villegas
editores

LIBRO DISEÑADO Y EDITADO
EN COLOMBIA POR
VILLEGAS ASOCIADOS S. A.

Avenida 82 No. 11-50, Interior 3
Bogotá, D. C., Colombia
Conmutador (57-1) 616 1788
Fax (57-1) 616 0020
e-mail: informacion@VillegasEditores.com

© VILLEGAS EDITORES 2008

EDITORES
Benjamín Villegas
Luis Fernado Charry

DEPARTAMENTO DE ARTE
Andrea Vélez
Enrique Coronado
Giovanna Monsalve

PRIMERA EDICIÓN
noviembre 2008

ISBN:
978-958-8306-29-2

VillegasEditores.com

# Contenido

# Ellas

Las clasificaciones no siempre resultan odiosas. O al menos no tan odiosas como se podría esperar. En muchas ocasiones son inclusive útiles.

En el plano social, o en la vida misma, las clasificaciones son a menudo moneda corriente. En la calle, en el centro comercial, en un restaurante, en la oficina o en nuestra propia casa, nada más fácil que poner en marcha, tras observar a alguien durante un par de minutos, al mejor estilo de un psicoanalista aficionado, nuestro arbitrario sentido de las clasificaciones. Es un ejercicio del cual nadie está exento de culpa, del cual nadie debería sentir ningún remordimiento: "así como me clasificas serás clasificado", se podría resumir este mandamiento.

En el interminable campo femenino, desde luego, nadie podría negar la existencia de la despilfarradora, la detallista o la histérica. Igualmente, nunca será exagerado retratar a la mantenida en profundidad con las siguientes palabras: "Haciendo un riguroso examen de autoconciencia, sabe que el matrimonio terminó siendo su tabla de salvación; la vida conyugal nunca ha dejado de asombrarla. En ocasiones le ha parecido una bendición, sobre todo por su incapacidad para hacer algo por sí misma".

Este libro, en definitiva, reúne una muestra completa y divertida de estereotipos femeninos conocida por todos. Ahora, claro, esperamos que nadie se intimide ante el espejo.

la
Dependiente

¿De dónde habrá sacado esa costumbre de consultar cualquier cosa antes de hacerla? Nadie lo sabe. En todo caso, lo suyo es medir los riesgos y no dejar nada al azar. De hecho el azar le produce mucha desconfianza; lo de ella es ir a la fija. No puede, sin ir tan lejos, salir con alguien si no se lo ha consultado a su mamá. Si lo que le dicen en su casa no es suficiente, se asegura de consultárselo al menos a dos amigas y a un amigo. Sin el "consentimiento" de este último, por ejemplo, se siente incapaz de comprar una nevera o un televisor o una falda demasiado ajustada para su gusto. A la hora de saber dónde invertir su plata, se limita a preguntarle a su papá. Esto ocurre generalmente los domingos, durante uno de esos almuerzos que suelen extenderse bastante. Como las recomendaciones de su papá van en contra de sus "convicciones" –¿y cómo puede ir alguien en contra de algo que no tiene?–, al día siguiente hace un par de llamadas, habla con asesores financieros, da vueltas por la casa y al final resuelve no hacer nada. Tantas opiniones la confunden. Y así es imposible.

Los objetos más sagrados de su casa son un par de revisteros con las últimas publicaciones que tratan –de una manera confusa y vulgar– el tema del cuerpo. El primer revistero está al lado de la cama y el segundo en el baño, ese lugar privado donde se dan cita la paciencia y la vanidad y los espejos. En ese escenario pintoresco, donde las luces iluminan su cuerpo desnudo –y la piel bien conservada por los misteriosos efectos de la ciencia contemporánea–, se lleva a cabo la primera parte del ritual. En medio de ese bazar de perfumes, gorras de plástico, cremas –rejuvenecedoras, humectantes, capilares, dentales–, sales procedentes de India y Singapur, aceites, *shower gel* de almendras, remedios, pinzas, tijeritas para las cutículas y las uñas, secadores y masajeadores, su existencia transcurre plácidamente. La segunda parte del ritual se desarrolla en el gimnasio, con un instructor personal –un tipo no tan mal encarado como cualquier marido celoso se podría imaginar– que va moldeando su cuerpo de acuerdo con los antojos de la moda actual. Es, naturalmente, una mujer feliz.

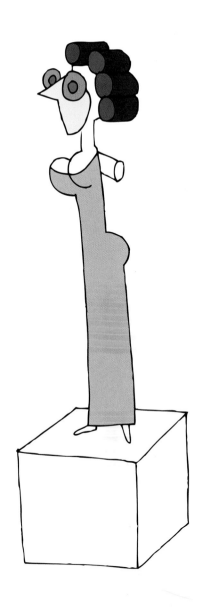

la
# Escultural

la
# Loca

Tiene una gran propensión a hablar en voz alta, sobre todo cuando está sola. Esa voz que sale de ella, a veces tan musical, la hace sentirse relativamente menos desamparada en el mundo. En otra época, por supuesto, las cosas fueron muy diferentes. En ese entonces, cuando se ponía a hablar, cuando se hacía una pregunta, la voz que le respondía no era precisamente la de ella. Esa voz era la de Gaspar, su confidente imaginario. Ella le contaba un secreto a Gaspar y Gaspar guardaba el secreto por un tiempo largo, hasta que ella se olvidaba por completo del asunto. Gaspar la cuidaba mientras se quedaba horas en la tina, cantando a grito herido con un secador en la mano; el futuro de esa naciente estrella de *rock* dependía de que el secador –previamente encendido– no cayera al agua. A pesar de que los tratamientos y las terapias grupales y los calmantes más sofisticados no surtían ningún efecto, la compañía de Gaspar tenía efectos curativos altamente aceptables. Pero un día Gaspar se fue. Y ella se quedó sola. Y nadie –ni ella– sabe lo que pasará en las siguientes horas.

Normalmente tienen un físico de infarto. No son reinas pero tienen los atributos para participar en cualquier reinado. Esos atributos, por un exceso de discreción, por un falso impulso de timidez, permanecen siempre ocultos. En realidad se trata de unos atributos de lujo, que ya quisieran tener las mismísimas reinas de belleza –que, dicho sea de paso, ya poco y nada tienen de reinas. Legítimamente, son hijas del deseo, y el "deseo" también saben ocultarlo con magnífica –y aburridora– distinción. Son atractivas pero tienen un defecto insoportable: una beatería irritante, una actitud tan ridículamente pudorosa que rara vez se las puede convencer para que accedan a pasar la noche en compañía de otra persona. Desde luego, cuando ceden ante esta petición elemental se presentan de una manera recatada, vestidas con esos camisones horribles –diseñados con una abertura artísticamente apropiada para mejores causas, y para siglos pasados– que no se quitan hasta la mañana siguiente. Tal vez el Marqués de Sade se habría divertido muchísimo con estas escenas.

la
# Mojigata

la
# Envidiosa

No puede creer que su mejor amiga siempre se anticipe a comprar la ropa que ella ha visto antes en una vitrina. No se resiste que le hablen de Europa –¿cuántas veces ha aplazado ese viaje?– con la misma naturalidad con que ella habla de Miami o Armenia. Mucho menos se resiste que le digan que la más "chusca" de la fiesta es su prima, que precisamente esa noche se ha puesto una blusa y unas botas de cuero –eran de ella– ya bastante anticuadas. No soporta que sus amigas –y sus enemigas más despiadadas– ya estén casadas y tengan hijos y "hablen bien" de su marido y defiendan a capa y espada el matrimonio; le parece inaudito que las que no se han casado todavía estén a menudo con los tipos con los que ella quisiera estar –al menos una noche. Para rematar, no es muy buena disimulando. Por eso cuando su mamá le pregunta cómo le ha parecido su nuevo novio –sí, la mamá "casi siempre" tiene unos novios "chusquísimos"–, ella se limita a responder, sin mirarla a la cara: "no está mal, pero podrías conseguirte algo mejor".

Entra a trabajar sin falta a las nueve de la mañana. Pero se levanta a las cinco en punto. Despierta a sus hijos y desayuna con ellos y luego trota una hora por el parque más cercano a su casa, se baña –casi dormida–, lee el periódico y sale precipitadamente para la oficina no sin antes darle la comida al perro. Trabaja –apenas se come unas frutas– toda la mañana. A pesar de las muchas cosas que hace no se pone de mal genio. No le gusta que le "coqueteen" –de lo ocupada que está nunca se da cuenta de que le están "coqueteando"– por teléfono cuando está terminando de hacer una licitación. Claro, a la hora del almuerzo se ocupa de su esposo, conversan y se ríen, y después vuelve unas horas a la oficina y termina de cuadrar un par de asuntos antes de salir corriendo a recoger a sus hijas y llevarlas a clase de canto o de pintura. Más tarde las lleva a clase de natación en el club y en la noche se sientan a comer temprano, y en la cama les lee un cuento de hadas mientras se van quedando dormidos. Después arregla las loncheras y las maletas y limpia los zapatos sucios.

# la
# **Maternal**

la
# Paranoica

Entre sus principales virtudes se encuentra esa propensión a "sospechar" sobre todo lo que se encuentra a su alrededor. Vive en un constante "estado de zozobra" cuando inicia una nueva actividad; entiéndase por esto un nuevo empleo o un nuevo lugar de residencia. En todos estos aspectos siempre encontrará algo digno de sospecha, algo que no le cierra, una pequeña infamia deslizándose socarrona para conspirar en su contra: en el trabajo cree que todos hablan mal de ella y por eso no la volvieron a tener en cuenta a la hora de organizar un paseo. Un paréntesis obligatorio: en el último paseo tuvo la brillante idea de decirle al dueño de la finca que se tenía que ir ya porque sentía que las vacas la estaban "mirando rayado". Por otro lado, en su nuevo edificio ha tenido problemas con el celador, con los vecinos, con las goteras, con una alarma que se activa a medianoche y cuyo propósito, piensa, "es que no duerma y me vuelva loca". No confía ni en su propia sombra: en su cuarto, encerrada, sola, mientras mira la llovizna, duda que el reflejo en la ventana sea el de ella misma.

Hay una regla de oro que las atañe a todas. Esa regla dice que les fascina la música, les fascina bailar, pero nunca aprenderán a cantar. Algunas "creen" que cantan –las que cantan horrible, cantan "bajitico". En lo que sí son insuperables, en cambio, es bailando. Es su arma de seducción –se visten para seducir– y saben que bailando llegarán muy lejos. Bailan bien, algunas lo hacen de una manera aceptable; las que no lo hacen tan bien suelen tener ataques pasajeros de envidia al verlas bailar. Dominan todos los ritmos; se saben pasos que nadie más se sabe; sudan gran parte de la noche cuando salen al centro de la tarima –sólo bailan donde se puedan hacer notar–; son enemigas de hablar durante el baile porque piensan que la charla las puede desconcentrar. Conocen todos los sitios de moda –lobos, infames e infectos– y van siempre a las inauguraciones, en grupos o solas, a descrestar a los dueños que suelen perder la cabeza tontamente cuando las ven moviendo las caderas. En general se formaron bailando salsa en el centro. Desde luego, detestan salir con alguien que no sepa bailar.

la
**Bailarina**

la

# Feminista

Tienen una predisposición a enfurecerse cuando alguien hace un comentario sobre el "yugo masculino" o la "liberación". De hecho les vuela la piedra que digan que ahora el hombre les "ha cedido" un poco del poder que detentó durante los últimos 2000 años. Las más radicales suelen defenderse en estos casos con una mirada fulminante. E incluso con un chiste, donde las expectativas del hombre nunca son del todo resueltas. Este es uno de los favoritos: "Un marido le pregunta a su mujer: '¿Cuando me muera vas a llorar mucho?'. La mujer le responde: 'Claro, ya sabes que lloro por cualquier tontería'". Y después esa mujer le suelta un discurso casi proselitista donde menciona el porcentaje de riqueza de las mujeres en el mundo y la representación legislativa que tienen en la actualidad –y para esto utiliza los últimos informes de las organizaciones más acreditadas. Para finalizar, le informa a su marido que tendrá que hacerse cargo de la casa y de sus hijos porque ha resuelto irse esa noche de rumba con sus amigas. "No estás invitado, *sorry*", y le manda un beso desde la puerta.

Hace poco dejó a su hija en la casa de su ex amante porque pensó que la estaba dejando en la casa de su ex esposo. No tiene buena memoria, vive como en las nubes, no encuentra una dirección sin hacer antes un par de llamadas; la última vez se perdió en un conjunto cerrado. Nunca sabe qué horas son, ni en qué día de la semana está. En ocasiones sale a trabajar en la noche, cerca de su casa, le encarga a un gamín que le cuide el carro y regresa a su casa a pie. Al día siguiente su esposo la insulta por el citófono y ésta le dice que "cree" que ha dejado el carro en el parqueadero de la oficina. En los últimos seis meses ha mandado a hacer tres juegos de llaves de repuesto del carro, dos de la casa y ha comprado seis juegos de ollas ya que siempre se pone a hacer el almuerzo casi a la misma hora en que se mete al baño. Cuando va a apagar un cigarrillo, no se da cuenta de que la colilla del anterior todavía está encendida; la ropa, en especial los sacos de lana, tiene unos huecos en las partes más insólitas. Cada vez que va a un centro comercial termina visitando sin falla el baño de hombres.

# la
# Despistada

la

Aventurera

Por esas cosas del azar, el cansancio desapareció de su mapa genético. En su lugar se instaló una sobredosis de energía capaz de agotar incluso a los organismos más capacitados. No sufre de vértigo, no le tiene miedo a los aviones. Ha manejado lanchas y helicópteros y motos. La noche previa a una excursión por una selva no del todo fiable se tarda horas "mimando" la navaja suiza que tiene desde los ocho años. En otra época hizo parte de los *scouts*, de donde la echaron cuando decidió volarse con unos amigos hacia México; las travesías interminables del Che Guevara o *Las aventuras de Tom Sawyer* nunca han estado a la altura de sus expectativas. Ha recorrido la Amazonia brasilera, Australia, la actual Yugoslavia, Israel e India. Ha recorrido dos veces por tierra Suramérica; la última vez, la moto en la que viajaba se dañó y tuvo que convivir una semana con unos indígenas. No les tiene miedo a los animales y tampoco le tiene asco a ninguna comida. No carga fósforos; es de las que enciende el fuego frotando un pedazo de madera sobre un montoncito de paja.

Nunca albergó ningún tipo de sentimiento hacia sus padres. Los dos murieron juntos, pero en su momento "no sintió nada". Ni siquiera supo si lo correcto era llorar o reír o hacer una fiesta sin motivo, que son las fiestas que siempre le han llamado la atención. En su paso por el colegio tampoco tuvo el mínimo de respeto por sus profesores o por sus compañeros; de las personas del servicio doméstico, de transporte, de lo que sea, nunca ha tenido una buena opinión. En cuanto a los romances, las cosas no han sido fáciles, nada fáciles. En sus privados expedientes amorosos han figurado hombres que no la quisieron lo suficiente y hombres que no eran dignos de ser queridos. En cualquier caso, el hombre de turno terminaba yéndose. O mejor dicho: terminaba "huyendo", despavorido, a veces con los pantalones en la rodilla o la toalla en la cintura o a toda velocidad en el carro. No sobra decir que tiene un don, un don doloroso, que funciona a veces como un látigo: con ese don puede ver lo que pasará. Y también puede ver el final, "su" final, que no será especialmente indulgente.

la

# Insensible

la
# Vanidosa

Cada salida fuera de las cuatro paredes de su casa está previamente relacionada con un ritual de horas, en donde se le rinde un homenaje al ego. ¿Y por qué no? Los mejores vinos tardan años, Roma no se hizo en un día y la vanidad también requiere de tiempo. Eso sí: hay que dejar el estrés; hay que tomar un baño caliente con finas hierbas –y terminar con un poco de agua helada–; hay que aplicarse muchas cremas pero no demasiado para no confundirse; hay que aplicar aquello de desayunar como una reina, almorzar como una princesa y comer como una vagabunda; hay que visitar el gimnasio tres veces a la semana; separar turno con el peluquero y el manicurista los viernes en la tarde y despertarse el sábado con las manos de la masajista de turno. Enemigos confesos son el sol, las "patas de gallina", la celulitis, la edad –después de los 15 cualquier edad es un problema. No obstante, el enemigo más temido –muchas veces lo ven como un aliado, pero al cabo salen corriendo a buscar al oftalmólogo– tiene nombre propio. Se llama el espejo, para servirles mejor.

No es que no tenga ninguna intención de elegir, de proponer, de llevar por un rato –de una brevedad asombrosa– la legendaria voz cantante de las cosas. No, no es eso. Simplemente lo suyo consiste en ceder, en dejar en manos de otros –el novio, el jefe, el destino, cómo le gusta dejarlo todo en manos del destino– los actos que pueden llegar a determinar su vida. En un soberbio rapto de misticismo puro ha descubierto –o cree que ha descubierto, a fin de evitarse más tormentos– que todas las acciones en la vida han sido prefijadas por una fuerza superior. Eso la deja menos intranquila. Eso le permite relajarse y no tomar partido cuando su novio le pregunta qué quisiera hacer en la noche. La respuesta: "Cualquier cosa". O cuando su jefe le consulta sobre la viabilidad de contratar –entre A y B– a un nuevo asistente. La respuesta: "Preferiría que 'tú' escogieras". En el momento en que está buscando un lugar de vacaciones, un modelo de carro nuevo e inclusive un futuro esposo, la respuesta no varía mucho: "Cualquiera estará bien".

la
# Desentendida

la
# Alarmista

Tiene una tendencia fatal hacia la exageración. Con el paso del tiempo, esa tendencia se convierte en una forma enfermiza de sobrellevar los accidentes. Esto suele estar asociado, en muchas oportunidades, con un fatalismo de carácter humorístico. Digamos también que este comportamiento va perdiendo credibilidad entre quienes la conocen. Así, nadie pierde la calma cuando recibe una de sus llamadas desde cualquier hospital cercano, donde al parecer "siempre" hay una situación muy, pero muy delicada: un hijo que está en "urgencias" porque se ha cortado un dedo abriendo una lata de atún; ha salido un poco de "sangre"; ha limpiado la "herida" con agua y jabón –y también con un poco de Isodine–; ha tenido que trancar la "hemorragia" con un limpión; ha tenido que tomar un taxi con la idea fija de que no llegarán antes de que se "desangre"; ha esperado cerca de una hora pero hasta el momento nada –incluso su hijo se está aburriendo, se ha empezado a quedar dormido–; ha contemplado la posibilidad de una "cirugía", una "amputación"… Y todavía se pregunta por qué no los han atendido.

En su familia nadie quiere oírla y sus hijos se han encargado de decirles a sus amigos que esos comportamientos de su madre son producto de un intenso estado de desilusión. En otras palabras, creen que está loca. Está flaca, no tiene buenas defensas, vive con gripa o con principios de gripa. Se distrae paseando con el perro por el parque y soltándole unos discursos que, en otras circunstancias –si el perro entendiera, ya la habría mordido–, serían de gran utilidad para los médicos más inexpertos de cualquier clínica siquiátrica. Ahora fuma más que antes, habla del suicidio con insistencia, lee a Émile Michel Cioran y repite como una lora extractos de *Del inconveniente de haber nacido*, toma unas pastillas que la mantienen en un estado espectral, tan espectral que, vestida con esas sudaderas sueltas, parece una copia del fantasma de Canterville. A lo mejor por eso –y porque ya ni siquiera mira antes de cruzar una calle– ha estado cerca de morir atropellada. Además, sus amigos no quieren verla; incluso una conversación telefónica les parece insufrible.

la
# Depresiva

la
**I**nsatisfecha

No existe en el mundo "nada" –ni "nadie"– que la llene. Nunca está "plena", aunque los "motivos" que tiene para sentir cierta insatisfacción nunca son del todo claros. ¿O acaso en plena luna de miel, en una comida en el restaurante más lujoso a orillas del Mediterráneo, con las gambas más frescas y la mejor champaña y la mejor compañía, con la música ideal y a buen volumen, con un servicio adecuado y eficiente, después de haber recorrido media Europa y Marruecos con cualquier cantidad de lujos, de ratos de ocio compartidos, de visitas a los lugares turísticos emblemáticos –museos, catedrales, palacios–, de momentos de contemplación en la arena blanca de una playa casi desierta a la hora del atardecer, de días enteros de compras, de tardes apacibles en un café, de fiestas en los mejores hoteles, de encuentros sorpresivos con actores cine, de todo lo que podría ser la felicidad para una persona más o menos normal, tendría motivos suficientes para andar constantemente con mala cara y diciendo que les habría ido mejor en otro lugar?

A una amiga incrédula le recomendó que no se levantara con el pie izquierdo el día de su matrimonio, un día señalado en el calendario con el número 13. Como para reforzar la advertencia, le había dicho que el novio no debía verla vestida con el vestido de novia. La novia, por lo demás, no supo por qué su amiga se emocionó tanto cuando le cayó el ramo en las manos... En vista de que el matrimonio marchaba bien, la amiga supersticiosa resolvió hacer una comida, pero a la hora de pasar a la mesa no tuvo otra opción que expulsar a uno de los comensales para que el número de invitados se redujera a 12. Es de las que ha tenido la buena fortuna de no cruzarse con un gato negro. No ha cruzado por debajo de una escalera apoyada contra una pared, aunque hace poco, por evitarla, casi se cae en una alcantarilla. Para conjurar el mal definitivamente ha comprado una pata de conejo, que, cuando no reposa en su cartera, cuelga en una herradura. Y eso sí, cada vez que se emociona derrama un poco de vino para atraer la buena suerte, lo que le vale más de un insulto.

la **Supersticiosa**

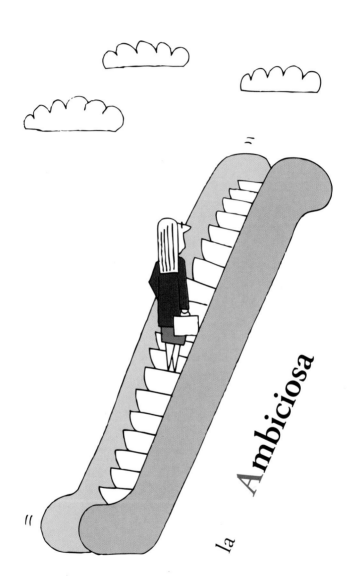

la **A**mbiciosa

Tiene una vida que parece sacada de un culebrón venezolano. No es, necesariamente, la típica historia donde sirvienta-linda-conquista-a-niño-rico-y-se-queda-con-todo. Pero hay algo de eso, porque es una vida que siempre tiene una carencia y, como lo recuerda la historia, las grandes tragedias parten de una carencia. Y esa carencia hay que llenarla. ¿Con qué? Con "un" deseo, con ese deseo que siempre ha tenido en mente: "ser" algo. No interesa qué, no interesa cómo, no interesa que los fines –Maquiavelo se retorcería en su tumba si supiera en lo que terminaron sus postulados– justifiquen los medios. Lo importante es el ascenso, la figuración; el reconocimiento por parte de aquellos que todavía se preguntan de dónde proviene. A estas alturas, claro, los orígenes ya no tienen ninguna importancia; la novedad se traduce en que ya hay una prestancia y un apellido y una fortuna –y decía Balzac, a propósito, que "Detrás de una gran fortuna siempre hay un crimen". Ahora, lo que le recomienda a su hija es que no se case con un hombre sino con un pasaporte. Y esa será su búsqueda.

Pierde la calma con relativa facilidad cuando le dicen algo así como "te tengo una sorpresa". Y cuando la sorpresa viene empacada en papel de regalo, no duda ni un segundo en destrozar el empaque. En los viajes por carretera nunca sigue la ruta convencional; toma los atajos que ya conoce —o pregunta como si estuviera perdida— porque lo importante siempre es llegar. Llegar "ya". De ser posible, como lo expresa mejor un corredor de bolsa, "ya mismo". Ese podría ser su lema. Hace unos años se desvelaba la noche previa a un examen, a un viaje de vacaciones o a un encuentro amoroso que por lo general terminaba muy mal; la prueba evidente estaba en que al día siguiente amanecía sin uñas y con unas ojeras dignas de Frankenstein. Igualmente, ha resuelto eliminar el café y el té y tomar cantidades alarmantes de agua —porque alguien le ha dicho que el agua le ayuda a contrarrestar la ansiedad. Las goticas de valeriana se han convertido en sus mejores aliadas. Y el cigarrillo también: porque ya sabemos que el que peca y reza empata. O al menos no pierde.

la
## Ansiosa

la

# Chismosa

Hay muchas formas de reconocerla. La que salta a simple vista, es cuando abre la boca: en ese punto empiezan las transmisiones –de información confidencial– en vivo. En muchos casos, como en el juego del teléfono roto, su versión difiere de la versión inicial. No importa. En general nada de lo que dice le consta; mucho menos suele ponerse en evidencia. Tampoco corrobora ni investiga; cada vez que algún afectado la enfrenta, se sale por la tangente con un célebre: "Yo no tengo la culpa, a mí me contaron". No es "mala" –en el sentido periodístico– haciendo preguntas indirectas; en este terreno su inventiva no tiene punto de comparación. Lo suyo es la difusión –¿o "difamación"?– de la vida ajena. Por lo demás tiene algunas muletillas de combate, una marca de estilo que la hace inconfundible dentro de la fauna social, que suelen ser el abrebocas de una "noticia bomba", de un *top secret* de ataque. Empieza hablando así: "Imagínense que me contaron…", "Cómo les parece que…", "Si supieron que…", "A que ustedes no saben la última…". Luego dice que no estaba "muy" segura, pero que lo tenía que contar.

Habría que comenzar con un dicho que decían antes: "Lo mejor es enemigo de lo bueno". ¡Cómo sería de útil que lo supieran! Porque lo cierto es que en el afán de encontrar la perfección absoluta no pueden oír a nadie. Y una divergencia, desde luego, podría terminar en demanda penal. La verdad –"su verdad perfecta"– la proclaman a los cuatro vientos. Cuando se les ocurre hacer floreros, por ejemplo, cortan las flores unas tres o cuatro veces antes de sentirse satisfechas; se diría que la diferencia de milímetros les quita el sueño. También cuando tienen la genial idea de colgar –¿es oportuna la hora en que transmiten un partido de fútbol?– un cuadro en la sala, en una pared despoblada, de 10 metros de largo por cuatro de ancho, y toman el metro, marcan cuál es el centro y, cuando ya está clavada la puntilla y pueden ver el cuadro desde otra perspectiva, se dan cuenta de que ha quedado mal, de que no es para nada de su agrado y que ahora, en vista de la inutilidad de los otros, hay que llamar a un reconocido colgador profesional de cuadros...

# la
# Perfeccionista

la
# Optimista

Por lo general niega la existencia del mal, y del mal supremo, encarnado, sin discrepancias, en la temible figura del diablo. Precisamente del *Diccionario del diablo*, del escritor norteamericano Ambrose Bierce, hemos tomado prestada esta definición que ilustra en buena medida el presente apartado. "Optimismo. *s.* Doctrina o creencia que sostiene que todo es hermoso, incluido lo feo, que todo es bueno, especialmente lo malo y que todo está bien dentro de lo que está mal. Es sostenida con gran tenacidad por aquellos que están acostumbrados a caer en la desgracia de la adversidad. La forma más aceptable de exponerla es con una mueca que simula una sonrisa. Por ser una fe ciega, está cerrada a la luz de la refutación, y se manifiesta como una enfermedad intelectual que no tiene ningún tratamiento, excepto la muerte. Es hereditaria, pero afortunadamente no es contagiosa". En el caso específico de una "mujer optimista" –lo que de por sí ya parece una redundancia; es casi como decir una "mujer linda"–, la anterior definición se debe tomar al pie de la letra.

Si en otra época pudo sentir aversión por aquellos que mataban animales de pieles finísimas, y poco tiempo después ya no tuvo ningún problema –aparte de una alergia en la nariz– en ponérselas a diario, entonces no hay duda de que se encuentra preparada para la vida moderna, para la moda "super-cool" en virtud de la cual podrá usar esas prendas "super-nice", las mismas que se imponen en las pasarelas europeas, que, dicho sea de paso, son las que van dictando la pauta que debe seguir a la hora de elegir algo que ponerse. Así que mucha, pero mucha atención: ahora la moda son los famosos *leggings*; hablar en espanglish –aunque no se le entienda nada en ningún idioma–; desayunar y almorzar y comer *sashimi* –aunque la comida cruda le produzca urticaria–; comprar arte o traficar precolombinos –y de arte, ni hablar, ¿no?–, y, por supuesto, asistir al concierto del mejor chelista del mundo –y eso que pensaba que Yo-Yo Ma era la competencia del mago David Copperfield–, porque es ahí donde va todo el mundo, es ahí donde toca estar.

la Esnobista

la
**Culta**

Tiene una disposición favorable hacia el aprendizaje. Tal vez por eso no ha tenido ningún inconveniente en aprender a hablar seis idiomas; el último que aprendió, en una electiva que tomó en una universidad de California, fue japonés. Es una de esas personas que "no puede no saber". De ahí, por ejemplo, que no haya sido aceptada para participar en programas de televisión como *Quién quiere ser millonario*. Por supuesto, la diversidad de temas que domina es amplia. Si está sentada en una mesa donde se habla de las películas de Woody Allen –*Everyone Says I Love You*, es una de sus favoritas–; de libros como *El ingenioso hidalgo don Quijote de la Mancha* de Miguel de Cervantes, o *Cien años de soledad* de Gabriel García Márquez; de la música de Ludwig van Beethoven, The Who o The Rolling Stones; de pintores como Rembrandt o Pablo Picasso; de las causas de la primera guerra mundial o del año en que fue derrumbado el Muro de Berlín o de ese día en que el hombre –Neil Armstrong, por cierto– llegó por primera vez a la Luna, entonces participa sin dificultad en la conversación.

¿A qué le tienen miedo? En principio, a los animales –incluyendo, por supuesto, al hombre. Claro, no se trata de animales ciertamente peligrosos. Lo que no quiere decir que no les produzcan miedo, puro y físico miedo. No digamos "espanto" –aunque hay unas que francamente…–, pero sí miedo. Miedo a los insectos, por ejemplo. Es un miedo tan fuerte que algunas no han leído *La metamorfosis* porque saben que el protagonista es una cucaracha. Esas mismas mujeres también les tienen miedo a las polillas, a las mariposas, a las moscas… Hay otras –este es uno de los casos patológicos– que les tienen miedo a los ratones; han llegado al extremo –y de lo extremistas muchas veces podrían parecer ridículas– de cerrar los ojos en el momento que un ratón entra en escena en la película *Dumbo*. Por consiguiente, nunca han visto *Tom y Jerry*, *Súper Ratón* y otros programas infantiles de ese mismo corte. Algunas, por otro lado, tienen miedo a quedarse encerradas en un ascensor –sobre todo si hay un hombre– o a la vejez o a la invencible soledad.

la
# Miedosa

# la **Ignorante**

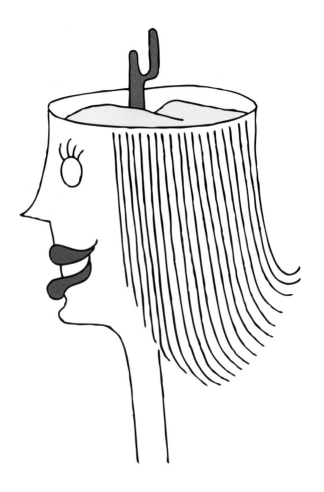

En general suelen formarse en los reinados de belleza. O en cualquier parte. De cualquier forma, la belleza suele ser el complemento idóneo de su espíritu sublime ya que es proporcional –aunque en muchas ocasiones se queda corta– al tamaño de su ignorancia. En muchos casos lo ideal sería que "la belleza" –dejemos en suspenso el nombre de la mujer en cuestión– se mantuviera con la boca cerrada, porque recién la abre esa belleza se convierte en deformación, en monstruosidad, en un *stand up comedy* de dimensiones colosales. Colosalmente divertido, al menos. De otra manera no se podría explicar que alguien se interese por el diseño de interiores pensando que se trata del difícil arte de la lencería, o que el sexo seguro esté haciendo alguna alusión a una empresa de vigilancia privada, o que la palabra condonar tenga un mínimo de cercanía en el tiempo con el buen o mal uso del condón... En algunas oportunidades, las afirmaciones de este calibre suelen poner en malas –en muy malas– condiciones el indescifrable universo del intelecto femenino.

En realidad "todas" sus aficiones suelen llamar la atención, porque "todas" tienden a sobresalir. En este sentido, la discreción se podría entender como su enemigo íntimo y peligroso; el desequilibrio de un temperamento de por sí desequilibrado. Lejos de la normalidad está esa afición a maquillarse los domingos para ir a un almuerzo, por lo demás "informal", como si fuera para una fiesta de fin de año, con capas y capas de maquillaje, con toneladas de pulseras y cadenas y unos aretes tan grandes –simplemente vulgares– como los de un pirata del séptimo arte, con un "colorete" rosado que rechina en esos labios –operados y retocados ya dos veces– estilo Angelina Jolie, con un pachulí embriagador que dejaría sin duda apestando el baño de un estadio, y con una manera de hablar donde sobresalen palabras como "cabello", "peine", "deliciosísimo" –aplicado a comida y hombres sin distinción–, sin olvidar la reiterativa mención del verbo "colocar" –"Oye, ¿me puedes 'colocar' ese tema?"–, un verdadero emblema de su expresión oral.

# la
# **Loba**

la
**Mantenida**

Haciendo un riguroso examen de autoconsciencia, sabe que el matrimonio terminó siendo su tabla de salvación; la vida conyugal nunca ha dejado de asombrarla. En ocasiones le ha parecido una bendición, sobre todo por su incapacidad para hacer algo por sí misma. Muchas noches ha tenido un sueño benévolo, casi religioso: el hombre que ronca a su lado es su salvador. Y no lo puede defraudar, no lo puede "soltar". De lo contrario estaría perdida. En otras palabras: se convertiría en un cadáver viviente. Y ese es un lujo que no se puede dar. Porque lo cierto es que ese hombre le ha dado todo y ella se ha encargado de tomarlo sin aspavientos, como corresponde. Tiene tarjetas de crédito, firma en el banco, carro con chofer, vacaciones a mitad de año en cualquier país europeo y una Navidad bienaventurada en cualquier playa paradisíaca. Como se levanta todos los días a las 10 de la mañana, desayuna frutas en la cama y después va una hora al gimnasio –no a hacer ejercicio sino pura vida social. Su visión del trabajo se ha reducido considerablemente; su dependencia se podría calificar de agobiante.

Lo primero que hace cuando le regalan algo es fijarse en la marca. Si no tiene marca o la marca le resulta desconocida, el regalo pasa de inmediato a un segundo plano. Es más, se puede decir que en ese mismo momento lo olvida. No usa ropa que no sea de marca, aunque la mayoría la ha comprado en *sale* cuando viaja a los Estados Unidos, que vendría siendo como su segunda patria. Solamente va a los restaurantes de moda –la moda misma, dicho sea de paso, es una de sus motivaciones para continuar viviendo–; va preferiblemente a las horas pico, donde se puede encontrar con la gente que conoce; en general prefiere sentarse en la terraza, que es el puesto estratégico, el puesto más *fashion*. Antes de involucrarse con un hombre se asegura de que el hombre en cuestión tenga el suficiente reconocimiento social, un éxito profesional más o menos óptimo y una cuenta bancaria tan respetable como unos zapatos Ferragamo –no importa que sean feos– o una corbata Ermenegildo Segna. El arte no le interesa y la literatura –cualquiera– le parece una actividad insufrible.

# la **Superficial**

la
# Consentida

El día que se fue del país lloró sin pausa, desde que se levantó hasta que traspasó la puerta de emigración. En el fondo no quería irse. Luego supo que iba a ser más difícil de lo que pensaba. Era la primera vez que vivía sola. De modo que empezó a llamar a su casa todas las noches. En líneas generales se quejaba y decía que la comida le sabía "inmundo" –la sopa a menudo le quedaba con grumos y su dieta consistía básicamente en una visita diaria por McDonald's. También decía que le hacía falta su perro. Y su novio. Y volvía a llorar. Estaba "deprimida" –aunque una mujer consentida "no tiene ni idea" de lo que significa estar deprimida. En las noches previas a su regreso sentía mamitis y/o papitis y/o fami-litis y una larga lista de enfermeda-des con terminaciones similares. En realidad, alcanzó a vivir un mes en Roma antes de regresar. En la fiesta de bienvenida había bombas y *sushi* –¿por qué casi todas las mujeres con-sentidas se desviven por el *sushi*?– y un cartel que decía: "Welcome to pa-radise". Y ahí no más se puso a llorar de nuevo…

En el supermercado ya ninguna cajera quiere hacerse cargo de ella: cuando le muestran la cuenta se altera, revisa con lupa todo lo que ha llevado, cancela con cheque porque el ruido de las monedas en la cartera la pone histérica. Entonces empieza a supervisar cómo le empacan el mercado, da indicaciones a diestra y siniestra –y en general de muy mala gana–, desempaca con violencia un paquete y ordena que se lo vuelvan a empacar y cuando llega al carro siempre está pendiente de que el pan y los huevos queden encima, porque le disgusta mucho abrir un paquete de pan aplastado o mandar a lavar el carro por el olor desagradable que producen los huevos rotos en el baúl. Nunca le ha parecido inadecuado gritar en público. Nunca le ha parecido peligroso insultar a un taxista porque la está llevando por una ruta que no conocía; eso de hablar moderadamente, eso de decir "por favor", eso de despedirse o dar las gracias no hace parte de su temperamento. Tampoco le molesta que sus vecinos se enteren de que ya ha llegado cuando oyen sus alaridos.

# la **H**istérica

la

# Bomba
sexual

Sabe lo que tiene. Y sabe cómo aprovecharlo. Normalmente, dependiendo de la edad, visita al cirujano plástico una vez al año; el resultado de esa última cirugía fue tan bueno que mantuvo durante unos meses una relación clandestina –un *affaire*, para usar sus propias palabras– con el médico en cuestión. Antes, cuando salía a la calle vestida con minifalda y botas de cuero y un *body* que parecía que se fuera a reventar, o cuando se ponía unos *jeans* tan apretados que todos pensaban que se los había embutido con vaselina, ya había fantaseado con la posibilidad de tener una relación fugaz con un doctor. En tierra caliente no desaprovecha la ocasión para "exhibir" el abdomen plano, los senos firmes, las piernas bien torneadas, atributos que llaman la atención a varios metros de distancia. Es alta pero le gusta usar tacones de cinco centímetros y pintarse los labios con un color rojo que ella ha calificado, en un arrebato de sinceridad, como "rojo pasión". No le disgusta sentirse observada –aunque no descarta la posibilidad de que en cualquier momento la violen.

Desde los 15 años ha tenido un tono de voz –un "tonito", dirán los que la han conocido– de una dulzura total. Tan dulce que muchos lo asocian con un flan de caramelo, aunque el flan siempre resulta siendo menos empalagoso. Al menos esa es la impresión que tienen los que la han oído en público –¿ese es su verdadero tono de voz o es más bien su "tono de voz social"–, que es cuando se pone más melosa que de costumbre. Entonces empieza a hablar como si tuviera ocho años y todavía no le hubiera cambiado la voz, empieza a conversar con toda la colección de osos de peluche delante de las visitas, les habla a los seis perros de la casa como si fueran los hijos que nunca ha tenido y que nunca llegará a tener; al más chiquito de todos, al que parece que se está muriendo, lo alza y se lo pone en los brazos y lo arrulla antes de cantarle una canción de cuna. Después se le acerca a su esposo y le dice al oído –aunque no sabe hablar en voz baja, esa es la verdad–: "*Honey*, a Nerón hay que comprarle otro 'saquito' amarillo antes de que se muera". Y la reunión continúa.

la
# Empalagosa

la
# Trabajadora

Es la primera en llegar a la oficina. Como dicen por ahí, si llegara cinco minutos antes sería la encargada de abrirle la puerta al celador. Está orgullosa de madrugar y de tener por la empresa ese "sentido de pertenencia" altamente inocultable, un sentido que no impide que en los recesos en la cafetería, en los almuerzos con otros trabajadores, en los paseos laborales –también llega de primera y se va de última– su "único" tema de conversación –y se debe decir que es una funcionaria fundamentalmente conversadora– sea el presente actual de la compañía, el futuro inmediato, los proyectos que viene desarrollando con una eficiencia digna de una mención de honor o, en el peor de los casos, de un aumento de sueldo. Con todas las personas que habla, habla de la empresa, les explica su funcionamiento, les cuenta cuáles son las ventajas de estar ahí –y nunca comenta las desventajas. A algunos los ha invitado a conocer las instalaciones. Se podría deprimir si sale a caminar por el Parque de la 93 sin llevar en el pecho el *carnet* de la empresa.

La palabra "contabilidad" siempre le ha sonado conocida. Ha intentado incluso asociarla con las cuentas pendientes, los sobregiros, las últimas compras que ha diferido, para mayor sorpresa de su contador, a 12 meses, cuando perfectamente las podría cancelar en tres. Pero es apenas una palabra "conocida". Porque eso de diferir todo a 12 meses le parece un sello de distinción, como si ella fuera una hija legítima de *lady* Di o del príncipe Rainiero, como si esa moda de comprar todo en el extranjero hubiera sido creada especialmente para ella; creada, indudablemente, para perder la cabeza. Hay ejemplos, claro. Como no le gusta lavar, ha comprado hace poco en Miami 30 juegos de cama, uno para cada día del mes. En cada almacén que visita se "tira" mínimo 1 000 dólares, en chucherías más bien ordinarias. En los restaurantes, en general, suele pedir cantidades industriales de entradas, platos fuertes, bebidas naturales –y una que otra alcohólica– y al final, sin falla, un par de postres. Está cada vez más gorda. Y no se ha quebrado de milagro.

la **Despilfarradora**

la
# Detallista

Le gusta llegar con un regalo a cualquier sitio. No le interesa que no conozca a la persona; lo importante es tomarse el tiempo necesario para comprar algo. Es un *hobby*, casi una adicción, una necesidad que la pone de muy buen genio en las mañanas más desapacibles de este mundo. Así, cuando va a algún cumpleaños de la familia siempre se aparece con un regalo para el cumpleañero y de paso con uno para su hermano o hermana; de lo contrario se sentiría mal. Es más, no hacerlo le parecería casi una descortesía. Lo mismo ocurre cuando emprende un viaje de un par de días o semanas o meses; en el momento de volver a casa, recién abre la maleta, encuentra un repertorio de regalos para entregarle a cada persona. Ese momento la emociona y le altera la frecuencia cardiaca y la eleva a un estado cercano a la satisfacción. Es una persona generosa, sonriente, dispuesta incluso a darle "un detalle" –esta es su manera corriente de decirlo– a la madre de su novio apenas unos días después de haberla conocido; no le importa el qué dirán.

Eso de permanecer en silencio no va con ella. No lo soporta ni se imagina un día en que no hable en promedio ocho o nueve horas, con intervalos breves, en lo posible en el baño, donde la meditación se ha convertido en uno de sus fuertes; muchas veces esos estados de meditación los lleva a cabo en voz alta, como para no perder la costumbre. A lo mejor por ese excesivo nivel de uso ya se ha dado cuenta de que la voz se le ha enronquecido; lo suyo es hablar, hablar mucho, muchísimo, prácticamente hasta el desfallecimiento. Hace unas noches llamó a unos amigos para invitarlos a una fiesta y como no estaban decidió dejarles un mensaje en el contestador automático con tan mala suerte que, cuando se disponía a darles la fecha, la hora y la dirección, la cinta se terminó. En su casa, sus hijos han optado por usar tapones; prácticamente se los quitan –en un acto de cautela admirable– antes de irse a la cama. También decidieron, de común acuerdo con su padre, mandar a hacer unas camisetas que dijeran en el frente: "NO SOY UN OÍDO". Nada más que decir.

# la Habladora

la
# Diva

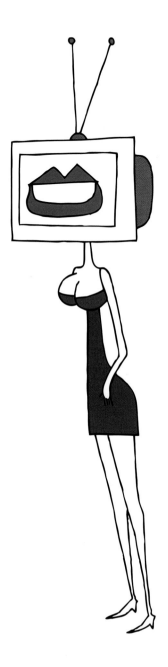

Casi nunca se trata de una actriz de telenovela. De hecho la mayoría de las divas "odian" –este es uno de sus verbos favoritos– la televisión, lo que no quiere decir que no actúen en público, que no tengan un parlamento establecido para repetir cada vez que van a un coctel, donde muchas veces –esto les fascina– las confunden con actrices de la "pantalla chica". La diva entonces levanta el cuello como un pavo real, se arregla los pocos pelos naturales que le quedan y sonríe. Si es necesario, sonríe dos veces. No más de tres, porque eso ya la convertiría en un objeto vulgar y, como es bien sabido, las divas odian la vulgaridad. Odian, realmente, todo lo que no sean ellas. Y sienten una atracción fabulosa por aquellos sitios que están de moda, por las interminables sesiones matinales en el salón de belleza, por las dosis diarias de papaya y zanahoria y por esa última edición de *Jet-set* o *Caras* en donde probablemente aparecerán en la sección de sociales junto al tipo –"un sapo", dirán– más insignificante de todo el evento; en ese momento sufrirán un ataque de histeria.

Es capaz de sacarle la piedra a un santo. Tiene la capacidad para volver loco a cualquiera con el que habla más de cinco minutos. No se la aguanta, como quien dice, ni su madre –y eso que su madre ya no oye bien. Sus hijos la miran rayado; el único contacto que tiene con su ex esposo es por intermedio de la empleada. En la casa a veces han pensado que es un regalo de Dios que tenga un trabajo, y más aun, que en ese trabajo la ocupen horas valiosas para descansar de su presencia. Eso sí, en el trabajo no se la aguanta ni la de los tintos. Todos los días tiene algo –malo– que decir. Todo los días "opina" –¡cómo le gusta opinar!– sobre lo divino y lo humano. Todos los trabajos que "delega" nunca tienen el resultado esperado. Tiene a menudo dos peleas simultáneas vía telefónica. No le gusta el parqueadero que le han asignado. Y nunca está de acuerdo con las decisiones que toma su jefe; juzga con un grado de superficialidad que raya en lo humorístico los proyectos que la empresa desarrolla. Se acaba de separar de nuevo, pero nadie quiere presentarle otra víctima.

la

# Conflictiva

# ellas

# ellos
## ellas

Textos
# Silvia Vallejo

Ilustraciones
# Betto

Villegas
editores

LIBRO DISEÑADO Y EDITADO
EN COLOMBIA POR
VILLEGAS ASOCIADOS S. A.

Avenida 82 No. 11-50, Interior 3
Bogotá, D. C., Colombia
Conmutador (57-1) 616 1788
Fax (57-1) 616 0020
e-mail: informacion@VillegasEditores.com

© VILLEGAS EDITORES 2008

EDITORES
Benjamín Villegas
Luis Fernado Charry

DEPARTAMENTO DE ARTE
Andrea Vélez
Enrique Coronado
Giovanna Monsalve

PRIMERA EDICIÓN
noviembre 2008

ISBN:
978-958-8306-29-2

VillegasEditores.com

# Contenido

# Ellos

Las personas en general, por comodidad o por un amable sentido de la displicencia, suelen definir a los demás con una sola palabra.

Esa palabra, en el mejor de los casos, se transforma con el tiempo en un rasgo distintivo y adquiere el privilegio de resaltar la característica esencial de una persona.

Evidentemente, algunas palabras pueden "encasillar". Pero también pueden "divertir", ya que terminan nombrando a un grupo al cual cada quien pertenece –y al cual, a lo mejor, no les gustaría pertenecer. Entre otras cosas, porque estas palabras terminan convirtiéndose en estereotipos, algo que resulta fácilmente identificable a los ojos de cualquiera.

Así, por un lado, están los estereotipos masculinos, donde la presencia del celoso, el rebelde o el impulsivo han ocupado a menudo un lugar predominante en este terreno. El tirano, por ejemplo, tiene algunas características:

"Entre los rasgos más visibles de su temperamento sobresale un talento innato e inmaculado para fabricar humillaciones y triunfos. En este sentido, son célebres sus disputas contra sus detractores y competidores y traidores que alguna vez, en un acto que se podría catalogar de irresponsabilidad personal, se atrevieron a desafiarlo".

Como podrá ver enseguida el lector, en esta galería de estereotipos masculinos hay espacio para todos. Esperamos que cada quien encuentre, sin que se le caiga la cara de la risa, el que más se ajuste a su personalidad.

el
# Rebelde

¿Dónde se manifestó por primera vez su rebeldía? La respuesta es muy simple: en el colegio. O en los colegios, porque estuvo en más de seis. De todos fue expulsado por distintos motivos relacionados con su carácter –indisciplina, malas calificaciones e incompatibilidad con los demás compañeros, a quienes en general tildaba de "mansos corderos" o simplemente de "idiotas". Aunque se define como una persona fundamentalmente atea y sostiene un desprecio parejo por curas y religiones, se ha sentido inclinado desde siempre hacia la filosofía hedonista, que proclama como principal fundamento que en principio debe primar el placer y luego el deber. No es partidario de las relaciones largas, ni de la política que se impone en el planeta Tierra. Profesa un respeto mínimo hacia sus padres o la familia; a menudo sostiene que toda clase de institución carece de respetabilidad en virtud de los múltiples secretos oscuros que reposan en los anaqueles de la historia. Ama a Nietzsche por encima de todas las cosas; esa posibilidad del superhombre le parece que está a la altura de Dios.

El principal requisito es tener plata. Y ya con plata, con "mucha" plata, con cuentas bancarias en dos o tres bancos, acciones y bienes raíces, el avaro se pone en marcha con una frase ya clásica: "No tengo". Todos se la han oído; ninguno se la cree. Ya lo han visto. Lo ven todos los días, sobre todo cuando llega la cuenta en un restaurante –el avaro "experimentado" se ha apresurado a anunciarles que esta vez "sí" los invitará, pero ninguno le cree– y casi sin pensarlo dos veces le rapa la cuenta al mesero. En ese momento revisa sin mucho interés la cuenta, que le parece un robo a mano armada, y saca la tarjeta de crédito –"no es la misma que pasó la vez pasada", dice uno en la mesa y los demás respiran profundo. Después de unos minutos de espera interminables, que el avaro aprovecha para ordenar un último whisky, el mesero regresa para decirle que la tarjeta ha sido rechazada. En la mesa todos se miran, se resignan y esperan que tenga algo para darle al de los carros, aunque todos saben que el avaro rara vez carga efectivo, y si carga, carga billetes de $50.000

el

**Avaro**

# el
# Celoso

Recién consigue una mujer que se lo aguante, empieza a ver en cada hombre a un rival en potencia; todos "conspiran" contra su felicidad. "De esos 100 rivales, 99 no cuentan; del otro, nunca me confío", piensa todas las noches cuando llega a su casa y su mujer no ha vuelto. Entonces le da rienda suelta a su imaginación –casi todos los celosos tienen una imaginación tan poderosa como la de cualquier libretista de telenovela– y la imagen se va dibujando en su cabeza; una oficina en la penumbra donde se lleva a cabo una reunión privada –en su cabeza la palabra "privada" se convierte en "íntima"– de última hora con el jefe. O una convención de la compañía en Santa Marta –cuando piensa que los paisajes de Boyacá son más bonitos. O la forma en que la mira –por eso siempre le pone tema cuando sabe a dónde se dirigen– el tipo que le pone la gasolina al carro. No hay caso, todos "conspiran" contra su felicidad. Por eso no quiere que su mujer juegue tenis con falda ni que sea muy amable con el celador o contrate sólo "un" taxista en los días en que no puede usar el carro.

Nunca se le acerca a una persona de frente. Normalmente prefiere hacerlo por los lados, despacio, caminando sobre los dedos de los pies. A lo mejor le gusta acercarse como si no quisiera molestar. En las presentaciones, cuando le preguntan cómo se llama, se pone colorado. Le ha pasado en todas partes, desde luego. En el jardín infantil, donde la pregunta lo ponía tan nervioso que siempre se orinaba; en el colegio, donde se ponía a llorar delante de la profesora que más le gustaba; en la universidad, en clase de alemán, donde el montador del curso le decía que dijera su nombre en español. También le ha pasado en las sucesivas entrevistas de trabajo que ha tenido en la vida; en la última le hicieron tres veces la pregunta pero la voz no le salió y empezó a sudar frío y a sentir que se orinaba en los pantalones. Después respondió con tartamudeos, dijo bien su nombre aunque no tan bien su apellido, y eso que es un apellido fácil, porque decir "mi nombre es Juan Mora" no es lo mismo que decir "Estanislao Gardeazábal".

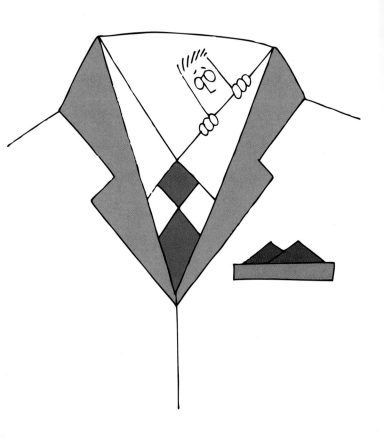

# el
# Tímido

el
# Peleador

¿Por qué le gusta pelear? En primer lugar, porque sabe. No todos los que buscan pelea saben pelear. Pero el peleador sí sabe. Desde chiquito se ha internado en ambientes hostiles. Ha estado en diversos cursos de karate y defensa personal y uno que otro de boxeo *amateur*, de donde lo expulsaron por el *knock out* fulminante que le propinó a un colega mayor. Normalmente, el peleador anda de mal genio. A pesar de la rutina en el gimnasio, de la alimentación saludable, de las horas de sueño que se multiplican los fines de semana, vive en realidad de "muy" mal genio. Eso lo sabe. Y no lo puede controlar, lo cual incrementa sustancialmente su malhumor, su capacidad para discutir por todo, ese constante estado de alteración, que sobresale mejor cuando está haciendo fila para entrar a cine a las 10 de la noche y, justo cuando llega su turno, la boletería se agota. O cuando un vecino arma una fiesta un domingo hasta la madrugada –ese vecino que nunca lo invita–, y entonces no tiene más remedio que presentarse en la puerta, con un bate al hombro, dispuesto a ponerle punto final a la diversión.

Basicamente se trata de un tipo sin el menor rasgo de racionalidad. Son de esos que se dejan llevar con frecuencia por el impulso y el deseo y terminan recorriendo a ciegas esa senda irreflexiva y peligrosa que conduce sin mayores tropiezos al error. Al error monumental. O al ridículo, que para el caso vendría siendo lo mismo. De modo que el impulsivo, si se encuentra ya en ese punto, no tiene ningún problema en salir corriendo del lugar donde lo han humillado; tampoco le incomodaría comprar un pasaje sin regreso para ir a buscar a su mujer con el amante de turno a una isla del Caribe. Incluso podría meterse, tras sufrir una decepción amorosa o un despido laboral –ambos justificados–, la tarde del sábado a un centro comercial de moda, preferiblemente recién inaugurado, a fin de recorrer todos los locales para comprar media docena de zapatos y media docena de relojes y, si todo marcha bien, unas cuantas cajas de pañuelos. Como se ve, la impulsividad está estrechamente ligada a la plata; un impulsivo pobre en general

el
# Impulsivo

el
# Inseguro

Tiene un eslogan de vida tan elemental como religioso: "la duda me guiará por el camino espinoso de la perfección". ¿Por qué? Porque su principal factor de desequilibrio suele ser la "acción". En otras palabras, "si no se hace nada, no hay motivos de preocupación", piensa; no está de más recordar que cualquier movimiento, cualquier palabra, cualquier acción siempre generarán al menos "una" duda. Y ese es un lujo que no puede darse. No puede pensar que ha llamado a una mujer que le gusta en el momento menos indicado o que ha cancelado los servicios públicos en un banco equivocado. Eso no lo "puede" hacer y por eso no "debería" hacerlo, porque cuando lo hace tiene el tiempo suficiente como para llamar dos o tres veces a esa mujer para "confirmar" –este es el verbo que domina su imaginación– que ha visto sus llamadas; "las he visto todas pero no te he podido llamar", le dicen. Igualmente, no se le ocurre nada mejor que pedirle una certificación a la cajera, a fin de no volverse loco durante el mes en curso con la idea de que le van a cortar los servicios.

Con la gente que no tiene confianza, casi nunca habla. En cambio con los de confianza le fascina hablar. Hablar, sobre todo, de sexo; informarse un poco de la intimidad ajena, de los secretos exóticos que se esconden del otro lado. Al principio siempre hace un chiste tan verde que cualquier humorista norteamericano parecería una institutriz de convento. Después va entrando en calor. Esto ocurre cuando la conversación es telefónica; en esas condiciones no aflora tanto su instinto verde. O no aflora de la misma manera que aflora cuando van sus nietas con las amigas a visitarlo. Ahí ya se presenta la verdadera transformación. Alista la artillería pesada, se acomoda mejor en el sillón y se destapa; coquetea como si tuviera 15 años y no tiene reparos en mirar más de la cuenta los escotes o los *jeans* apretados; de vez en cuando se pone falsamente reflexivo –está citando a Woody Allen pero prefiere parecer inteligentísimo– y les dice que "el sexo con amor es lo mejor de todo, pero el sexo sin amor es lo segundo mejor inmediatamente después de eso". Hasta ahora no han vuelto a visitarlo.

el
# Sexópata

# el **Hipocondríaco**

Antes de salir de viaje siempre revisa su botiquín personal. En muchas ocasiones saca medicamentos que ya no usa y mete los que ahora lo mantienen menos intranquilo. Luego se asegura de que el hotel donde va a alojarse tenga al menos dos hospitales a la redonda; lo ideal sería que no estuvieran a más de cinco minutos en carro. A continuación llama a su nuevo médico de cabecera –el anterior renunció cuando se enteró de que había ido a urgencias porque se había cortado mal una uña y pensó que iba a perder el dedo en virtud de una gangrena o algo por el estilo– y le pregunta si es necesario alguna vacuna o si hay alguna enfermedad peligrosa de la cual deba cuidarse; si la hay, inmediatamente toma nota de los síntomas iniciales. Como para terminar, le pide alguna recomendación y le pregunta si tiene algún médico conocido que viva en la ciudad a donde se dirige. Como su médico no conoce a nadie, empieza a sentir un ligero malestar en la boca del estómago –"a lo mejor la gastritis ya desencadenó una úlcera", piensa– que en menos de un cuarto de hora desaparece por completo.

Es difícil saber realmente cuál es la palabra que los identifica. Lo cierto es que en el campo de la lengua española son unos conocedores eximios de los sinónimos más ofensivos. Muchas veces revisan el diccionario para verificar que el significado de esa palabra se ajusta a la humillación que debe causar; si la palabra no está dentro de ese rango ofensivo, esa palabra simplemente desaparece de su mente. Los más sofisticados también se han vuelto unos profesionales del insulto bilingüe, de tal manera que pueden insultar en dos y tres idiomas –aunque a muchos les cuesta un trabajo enorme expresarse más o menos bien en español. Una muestra de eso se presenta cuando intentan tener una conversación con la novia; en esos casos se oyen los "no, güevón", "no te quiero, güevón", o, "no sé por qué eres tan cula". ¿Por qué hablan así? Si lo anterior requiriera una respuesta, esa respuesta se podría dar con la sigla NPI, que quiere decir "ni puta idea". Lo demás, como dicen todo el día y parte de la noche, es pura mierda.

el **Grosero**

el

## Hippie

Cada vez que puede, y sin que nadie se lo pregunte, se pone a hacer unas apologías entre divertidas y confusas a la marihuana y a la libertad sexual. En el campo musical, le encanta que lo califiquen de melómano compulsivo, algo que lo hace saltar de la dicha o encender un bareto. Dentro de sus muchos ídolos cabe mencionar los nombres de Joan Baez, Bob Dylan, John Lennon, Jim Morrison –aunque la película con Val Kilmer y Meg Ryan le parece "una soberbia porquería"– Jimi Hendrix o Janis Joplin; el suicidio, la muerte prematura, se ciernen sobre estos rostros inmortales. También suele soltar en su animada conversación palabras recurrentes como "pacifismo", "psicodelia" y "Woodstock". Tuvo el pelo largo; ahora no tiene pelo. No esconde su afecto por las drogas o por la posibilidad de que las cosas algún día cambien. En sus principios fue un fanático de la *beat generation*, la anécdota del día en que William Burroughs mató accidentalmente a su esposa cuando la obligó a ponerse una manzana en la cabeza, al mejor estilo de Guillermo Tell, representa bien esos años que ya no volverán.

A los cuatro años aprendió a leer solo. A los cinco años empezó clases de violín y a los ocho debutó en su primer concierto como solista. Por esa misma época aprendió a hablar italiano –viendo la RAI International– y francés –viendo TV5MONDE– y unos años después no tuvo ninguna dificultad para hablar –y leer– en alemán y portugués. A los 14 años escribió su primera obra de teatro, a la que siguieron, con intervalos de tiempo muy cortos, un libro de cuentos y una novela. Enseguida se sumergió en el mundo del cine, realizó su primer cortometraje –premiado en un festival en Hamburgo– y más adelante escribió el guión de una película, basada en un clásico de la literatura francesa, que nunca llegó a dirigir ya que resolvió que lo suyo era el teatro. Recibió una beca del Ministerio de Cultura para estudiar en Bruselas y desde entonces se ha consagrado como uno de los directores de teatro más sobresalientes del siglo xx. Ha tenido dos mujeres, no tiene hijos ni deudas. Es, aparentemente, tranquilo. No piensa en la muerte.

el
# Genio

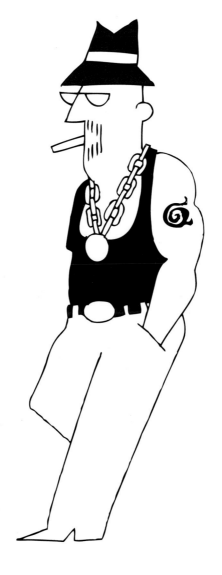

el

# Malandro

De todos los tipos malos, de esos *bad boys* estilo Brian de Palma que andan por ahí, el más malo siempre ha sido el malandro. Nadie lo supera, en el papel de malo se lleva los más altos honores. Basta verlos al mediodía recostados contra el capó del carro, con gafas negras, moviendo las llaves al ritmo del reguetón mientras hablan de sexo –el malandro más malo de todos, el más temido, es ese que habla puras cochinadas sin mirar a los otros a la cara– y toman cerveza en cantidades, siempre con un cigarrillo en la boca, como un adorno más, como un tatuaje de algún guerrero celta que alguna vez les llamó la atención antes de mandárselo tatuar, o como ese aretico en la lengua que suelen quitarse cuando el trago se les ha subido a la cabeza, que es cuando comienzan a hablar de su "hembra" y de las sospechas que tienen sobre su supuesta infidelidad; juran que habrá sangre si esas sospechas se confirman. Y si no también. Lo dicen con ese tono de voz áspero, tan seco que después escupen al pavimento. Así son los "chicos malos" de la vida moderna.

Tiene la profunda convicción de que nada malo le va a pasar. De alguna manera es un ángel protegido por el manto de una fuerza superior, eso es lo que cree. A lo mejor por esta razón se siente suficientemente seguro como para salir a caminar por el barrio a las 12 de la noche, en compañía de un perro de cuya fiereza nadie podría dar fe. Antes de emprender la caminata siempre se repite que nada malo le va a pasar, que nada malo "le puede" pasar; que esa fuerza superior lo protegerá hasta el final. De más está decir que ese final no ocurrirá pronto, no estará a la vuelta de esa esquina oscura, en donde pueden aparecer dos atracadores; tampoco en una buseta casi desocupada, tan oscura como las calles del barrio, donde a veces comparte la banca con tipos de apariencia sospechosa. En ningún lugar corre peligro, nadie "puede" hacerle nada malo porque nada malo le va a pasar; no hay por qué andar con miedo, mirando hacia atrás, pensando que esta noche no ha debido salir con la billetera y las tarjetas de crédito...

el

# Confiado

# el Malgeniado

Vive con cara de puño, lo que a menudo les recuerda a las personas cercanas la cara de cierto personaje famoso de *Los Simpson*. Los que lo quieren dicen que su mal genio se ha incrementado. Es más, que su genio se ha deteriorado hasta el punto de que en la actualidad esa cara de puño se ha convertido en "cara de culo" –este era el apodo cariñoso que le tenían en los círculos familiares más íntimos. Por supuesto, eso lo enfurece un poco más. Por eso rara vez asiste a reuniones familiares. Cuando las reuniones son en su casa, es el último que se sienta a la mesa. Entonces se pone de mal genio si la comida ya está fría; si todavía está muy caliente se levanta de la mesa y se encierra en su cuarto, con la música a todo volumen, como para que nadie se entere de las cosas que está gritando. Dicen que tiene un "mal genio parejo" –¿cuántas horas del día puede permanecer en un estado de tal irritación?– y que incluso su carácter no mejora en la noche, porque apenas empieza a tener una pesadilla se pone a gruñir. Los niños le tienen miedo.

No tiene espíritu de marinero. Pero se comporta como un marino en permanente actividad. Ha tenido cuatro matrimonios más o menos desastrosos. Sus dos primeras mujeres se aburrieron de los viajes constantes, de las llamadas a horas extrañas, de los olores raros en la ropa, de la pérdida –con ellas– del deseo sexual. Su tercera mujer nunca entendió ese comentario que hacían sus amigos cuando estaban borrachos. Delante de ella, que hacía las veces de mesera, sus amigos le decían que sería el nuevo padre de la patria, porque en todos los lugares por donde pasaba siempre, o casi siempre, dejaba un hijo. O al menos siempre lo intentaba. Por lo demás, una de esas noches en que estaba fuera, su mujer encontró varias cajitas, incompletas, de Viagra. Y ella sabía que entre ellos el sexo había desaparecido hacía meses. Con la cuarta esposa la cosa fue más sencilla. Un día llamaron de la agencia de viajes para confirmar unos datos, mencionaron un *tour* por el Danubio, el nombre de su esposo y su señora, pero el nombre de esa señora no era el nombre de ella.

# el
# Adúltero

el
# Deportista

Como era una tradición familiar, aprendió a nadar y a jugar golf a los cinco años. Después desistió por diferencias con ciertos profesores capacitados, la mayoría amigos de su familia. De modo que cambió los campos verdes por las canchas de tenis, canchas de polvo de ladrillo naranja, donde se divirtió mucho pegándole a la pelota –y a los *caddies* que le sacaban, en partidos ocasionales, mucha plata– y mirándoles las piernas a sus compañeras de clase. Más tarde fundó un equipo de fútbol desastroso, cuya mayor virtud era tener el uniforme más elegante del torneo –una imitación barata del uniforme del Paris Saint-Germain– y la barra femenina más numerosa y seductora de toda la historia; eso sí, en dos años apenas ganaron un par de partidos y las derrotas fueron, en promedio, 9-0. Paralelamente, jugaba *ping-pong* con la pericia de un japonés, se encerraba horas a jugar *squash* o montaba en bicicleta todos los sábados en la mañana. Al final se limitaba a jugar billar seis horas diarias. Fue combativo en todos los deportes en los cuales incursionó.

Tiene una mentalidad obsesiva. Se imagina sus "proyectos de vida" –o sea, las colecciones que día a día emprende– como si fueran un rompecabezas; se podría decir que este es el "símbolo" que rige su destino. Por supuesto, estamos hablando de un rompecabezas costoso; su valor radica, claro, en que esté "completo". En este sentido, no puede faltar ninguna pieza. Por eso se cuida mucho de tener varias colecciones simultáneas; nada de obras de arte contemporáneo ni libros en primeras ediciones. Eso ya se saldría de su presupuesto y se convertiría, en las horas de desvelo en las cuales se representa en la cabeza un cuadro codiciado, en frustración. Entonces, lo primero es llevar a cabo "solamente" una colección, esmerarse en completarla y en completarla pronto; lo ideal sería que fuera el primero –fantasea con la idea de que sea el "único". Pero siempre hay motivos de frustración; no se puede tener "todo" lo de Elvis Presley, por ejemplo, porque los ídolos siempre tienen algo más, un *bonus track* en camino. Y en el caso de Elvis, porque Elvis está vivo.

el **Coleccionista**

# el Alcohólico

A pesar de ser una de esas personas que no debería tomar "nunca" una gota de alcohol –y lo sabe, siempre lo ha sabido, siempre se lo ha repetido en el instante previo a mojarse los labios–, toma muchísimo. Toma cantidades navegables de trago, cantidades que lo han llevado a pedir ayuda profesional, aunque eso no importa demasiado siempre y cuando en ese lugar aparezca su siguiente esposa. No obstante, mientras llega ese día, hay que seguir tomando. Y toma bastante. Pero eso depende. Un par de mañanas al mes, aturdido por las aspirinas y los xanax –y envalentonado por unas cervezas heladas–, se propone hacer unas reformas al régimen implantado hace un par de años. Por ejemplo, sólo dos cocteles modestos antes de la comida, no más de media botella de vino durante la comida y luego exclusivamente un whisky o "digestivo" antes de la hora de acostarse. Desde luego, el problema es precisamente la hora de acostarse, que a medida que transcurre la noche es más y más lejana y lo va dejando más y más solo.

Todavía no sabe muy bien por qué le pusieron a leer en el colegio, en tres ocasiones, durante un año complicado, la famosa historia de Pinocho. De hecho no sabe por qué algunos amigos lo llaman así recién comienza nuevamente a contarles, muy tieso y muy majo, aquella aventura asombrosa en una playa australiana donde sobrevivió al ataque asesino de un grupo de tiburones o aquella otra que le sucedió en vacaciones en República Dominicana, donde tuvo problemas a la hora de escaparse de una fiesta nudista en la casa de unas modelos argentinas. Nadie sabe por qué le pasan esas cosas. En su antología privada de mentiras, que muchas veces parecen más un mal chiste, sobresalen los ascensos laborales ficticios en una compañía en quiebra, un postgrado en Harvard –en donde tuvo la fortuna de toparse en el baño con un Premio Nobel de Economía–, el romance con una bailarina de *ballet* ruso que, en el calor de esa noche, le recordó a Sophia Loren. Todavía se pregunta, con un poco de temor, si algún día se le crecerá la nariz.

el **Mentiroso**

# el Sabelotodo

Hay una frase en las facultades de periodismo que ha hecho carrera –¡hay que ver con qué éxito!– y que de alguna manera se ajustaría muy bien a la definición de este apartado. Esa frase dice que el periodista –un sabelotodo en potencia, cómo no, muchas veces un tanto reservado– "debe ser como un océano de conocimientos con un centímetro de profundidad". En síntesis, esa sería la definición más sucinta de cuantas aparecen en este libro. Con eso bastaría, porque "la verdad sea dicha" –una expresión que los sabelotodos mamertos emplean con indiscriminada frecuencia–, estas personas ya han alcanzado "esa" clase de conocimiento. Saben de hidrostática, saben de jardinería, saben de política internacional –el conflicto en Oriente Medio es muy trillado–, saben de la correspondencia que existe entre las obras de Fernando Botero y Gabriel García Márquez en relación con el uso de la hipérbole; también saben "algo" sobre la reproducción del mono tití. Fundamentalmente, son personas aburridísimas. Tan aburridas que la misma muerte les teme y por eso suelen vivir muchos años.

Algunas de las actividades más elementales de la vida moderna todavía le sacan canas: cerrar el registro del agua, hacer la fila correcta en el banco –a propósito: ya perdió la cuenta del número de veces que ha bloqueado la tarjeta del cajero–, manejar un carro "automático" o lavarse los dientes sin perforarse las encías, hacen parte de su calvario interminable, de su diario martirio para sobrellevar su martirizada existencia. La tecnología, por supuesto, no es su fuerte. De ahí que se haya mantenido al margen del horno microondas, del celular, del iPod, del DVD y la lista continúa. En lo que se refiere a la moda, aún no ha aprendido que las rayas y los cuadros son incompatibles; a lo mejor por eso se siente disfrazado mientras camina por la calle; en ocasiones le sudan las manos y no usa zapatos con cordones. Por otro lado, tiene una enorme incapacidad para orinar "dentro" del inodoro. Pero eso no es todo. Como para rematar el desastre, no ha aprendido a cortarse bien las uñas de los pies; cuando lo ha intentado ha terminado sin falta en una sala de urgencias.

el
# Torpe

# el Tirano

Como está convencido de que no tiene que darle explicaciones a nadie, no tiene la menor intención de conceder entrevistas. Sin embargo, las personas que lo conocen –y le temen– tienen claro qué lo hace feliz: "Hablar mal de la gente. Para él todos los hombres son ladrones y todas las mujeres son putas". Desde luego, no le gusta que los otros hablen de su persona sin su consentimiento. Entre los rasgos más visibles de su temperamento sobresale un talento innato e inmaculado para fabricar humillaciones y triunfos. En este sentido, son célebres sus disputas contra sus detractores y competidores y traidores que alguna vez, en un acto que se podría catalogar de irresponsabilidad personal, se atrevieron a desafiarlo. En esos casos suele ser feroz; es capaz de mostrar orgulloso el filo de sus colmillos. A la hora de las crisis, se caracteriza por la falta de paciencia que lo domina: grita y amenaza, ofende y humilla en proporciones monumentales. Cree que los grandes aciertos han sido suyos y los grandes fracasos de sus subalternos.

Es un admirador del arte renacentista y contemporáneo y a lo mejor por esta razón no ha escatimado a la hora de comprar todo lo que ha estado a su alcance –que no ha sido poco– para decorar su casa en Notting Hill, en Londres, ciudad donde vive una parte del año; la otra parte la pasa en Roma y el resto en Nueva York. Usa relojes Rolex y Cartier. Tiene la fortuna de vestirse a la medida en cada estación del año ya que cuenta con los mejores diseñadores del mundo: tiene un sastre en Praga y lo que no compra en rebaja lo ordena a Anderson & Sherpherd. Igualmente, compra amores y odios a diario; el que mejor conoce sus debilidades es Ernest, su perro neoyorquino, bautizado con este nombre en homenaje a su escritor favorito. Le gusta codearse con famosos y millonarios. Es culto, buen conversador, amante de los chismes y de la buena mesa; en otro tiempo fue buen cocinero. Cuando va a The River Club, un elegante centro social de Manhattan, ordena su comida en francés, que es el idioma natal del *maître*. Nunca carga plata en efectivo.

el

# Magnate

# el
# Misántropo

Lleva años despotricando con furia asesina contra lo que está a su alrededor. Por supuesto que ya sabe que su relación con la comunidad está condenada al fracaso. Su lema es: "Odia al prójimo por encima de todo". El odio mismo es lo que lo llena de vitalidad, tal vez es lo que aún lo mantiene vivo; tiene una relación de dependencia tan fuerte que si dejara de odiar a lo mejor se desvanecería. Así, desconfía con absoluta convicción de las instituciones, el gobierno y la familia. "La Iglesia y el papa", en sus propias palabras, "son los legítimos representantes del diablo en la Tierra". Los presidentes, los ex presidentes, los congresistas, los senadores, los políticos de cualquier partido o condición social deberían ser colgados en la plaza pública: le han chupado la sangre al pueblo, han viciado su futuro, han borrado de un plumazo cualquier ilusión. Algunos, incluso, merecerían la hoguera al mejor estilo de Juana de Arco. Por todo lo anterior se ha encerrado en su casa, donde permanece en bata, lejos de todos. Y sí: los filántropos no han dejado de producirle repulsión.

Tiene la costumbre de decir que en otra época fue millonario. Falso. En ocasiones tiene la desfachatez de decir que vivió en Europa. Falso. Eso salta a la vista, lo que no impide que ciertas –muchas– mujeres caigan rendidas a sus pies. Después de todo, su maestría para el engaño no tiene límites. Con esa carita, con esa boquita, con esa miradita logra con mayor o menor tardanza su cometido. Es un embaucador profesional. Empieza mirándolas como quien no quiere la cosa. Luego se acerca, dice algunas palabras, una risita aquí, una miradita coqueta allá y más tarde en la cama y al otro día más palabras dulces, más de lo mismo, y con el tiempo va dosificando la fórmula, va entrando en confianza, va hablando de un CDT cuantioso, de si será posible que le presten una platica para comprar una ropita y en unos días se la devuelve, y una tandita más de sexo y a la semana siguiente ya no platica sino tarjetita de crédito para pagar otras cosas, y en la noche besitos y cuando llegan los extractos bancarios desaparece sin dejar rastro.

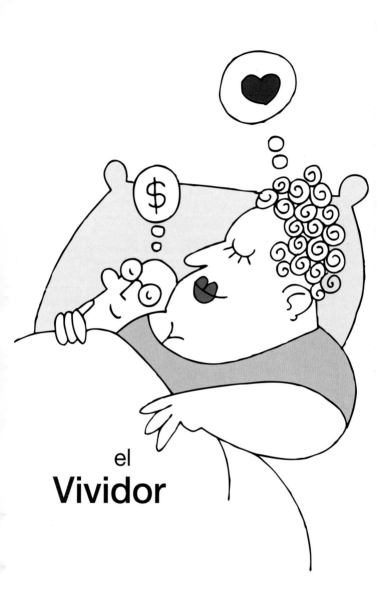

el
**Vividor**

el **Jugador**

De todas las leyendas que circulan entre las familias, ninguna tan divertida –tan magistralmente divertida– como aquella que se refiere a las famosas partidas de *blackjack* con su abuela. La más famosa y triste de todas ocurrió cuando acababa de cumplir 15 años. Esa noche, en una finca, en total estado de sobriedad –hay muchos que alternan el juego con el trago–, dejó a su abuela sin carro. Más tarde empezó la apuesta en grande, en los grandes casinos, en las casas de sus amigos, donde "se las sabía todas de todas" y si no se las inventaba. Era bueno, no hay que negarlo. Era angustiador, no hay que negarlo. Era un adicto: en las tardes se dedicaba a apostarle a la ruleta y en las noches el turno era para las cartas. Y perdía y ganaba, ganaba y perdía, nada era suficiente: sabía que siempre tendría la posibilidad de revertir la suerte. ¿Tenía límites? No tenía. ¿Hay límites? Tampoco. ¿Cuándo termina todo? A lo mejor cuando pierde a su mujer en una apuesta. O a lo mejor nunca termina, porque el verdadero jugador siempre quiere más.

Tiene un grado de observación altamente afilado: "sabe observar" y ob-
serva "únicamente" lo que se debe
observar. Desde luego, se aprovecha
siempre de la ansiedad ajena –las
mujeres no pueden no ser ansio-
sas, no hace falta recordarlo–, de las
muestras de debilidad, de la pérdida
de control que suscita un encuentro
casual: en ese punto "ataca". Y le da
a "esa" mujer lo que ella quiere sin
preguntárselo. Ese primer golpe la
desarma. De ahí en adelante todo es
"pan comido" –aunque esta expresión, para el tema de este apartado,
podría parecer una frase obscena.
De modo que se limita a poner en
práctica las bases del manual que ya
se sabe de memoria. Entonces deja
de prestarle tanta atención –como si
la cosa no fuera con él–, la deja hablar –es decir, la deja "desahogarse"–
y la hace reír un poco –no mucho.
También ordena un coctel fuerte –las
mujeres en general ordenan lo mismo, aunque en general "no" aguan-
tan lo mismo–, y después se dedica
a llevar la conversación hacia los te-
rrenos que domina... Lo demás es
conocido por todos.

el
# Donjuan

# el **Lagarto**

Es un "elemento" indispensable en cualquier evento. No es exagerado afirmar que es tan importante como los meseros, el vino francés o el paté. Es tan sonriente, que podría ser el modelo perfecto de un comercial de crema de dientes. Eso sí: el "lagarto ducho", que vive más bien en la hoya, tiene un muy mal aliento. Quizá esto se deba a que todo lo que dice está salpicado por las finas púas de la adulación. En cualquier fiesta puede felicitar a un ex presidente por su buen gobierno, con una palmadita en el hombro; "sabe", claro, cómo se dan esas palmaditas. Y conoce lo que les gusta oír a las "personalidades" con las que se cruza en cualquier evento donde se hace invitar –aunque en ocasiones prefiere ir colado. No le da vergüenza, por ejemplo, decirle a Fulanito de Tal que él es "el último 'cachaco legítimo' que le queda a Bogotá", y mentiritas piadosas así por el estilo. La última vez –estaba un poco borracho, pero los lagartos duchos son los más borrachos siempre– se animó a decirle a Menganito que él era su ídolo social. Y después se le pegó hasta la madrugada…

Hace unas semanas se le ocurrió ordenar a la 10 de la noche una *pizza* grande extravaganza –cebolla, pimentón,
peperoni, jamón, champiñón, aceitu-
nas, extraqueso y chorizo. El pedido
llegó a tiempo, de postre se comió
un *brownie* con helado de nueces y
cuando se fue a la cama pensó que
se iba a vomitar. Tuvo pesadillas pero
al día siguiente se levantó de buen
ánimo porque tenía dos pedacitos
de *pizza* en la nevera, lo cual no sería
un desayuno completo si no hubiera ordenado unos huevos rancheros,
jugo de mandarina, pan en cantidades alarmantes y un café con leche.
Durante cualquier comida, que más
bien parece un ritual sagrado, prefiere permanecer en silencio; si abre
la boca, la abre para ordenar otra cosi-
ta. No tiene horarios fijos, pero le gusta desayunar bien, de golpe se antoja
de un pandeyuca antes del almuerzo,
que es cuando llega la hora decisi-
va. Entonces tiene al frente –los ojos
se le salen de la cara– una entradita
"suave", un plato "fuerte" y un postre
del cual nunca queda satisfecho si no
se traga una doble porción. Duerme
mucho y vive cansado.

el
# Tragón

el
**Infantil**

Dicen las malas lenguas –o sea, su familia en general– que fue excluido de prestar el servicio militar por una razón aparentemente irrefutable: "por padecer de infantilismo crónico". Al menos eso es lo que dice la libreta militar. En cualquier caso, la relación pensamiento-acto es prodigiosamente armónica en su vida. Como ejemplo de lo anterior se podría mencionar lo siguiente: si este hombre de 36 años, casado, con dos hijos, piensa en ponerse el traje de marinerito –el sastre lo ha modificado de acuerdo con las circunstancias de su particular crecimiento– para ir a una fiesta –no una fiesta de disfraces–, entonces simplemente se viste de marinerito. Y ya está: nadie le va a decir nada, nadie le va a decir que no –todos ya conocen sus berrinches y las puteadas que se ganan aquellos que se muestran en desacuerdo–; nadie, tampoco, piensa llevarlo a la fiesta ni mucho menos recogerlo. Igualmente, habría que decir que hasta hace muy poco dejó de orinarse en la cama –tenía unos sueños "muy" raros. Además, no ha aprendido a dormir con la luz apagada.

No es un fanático del mal gusto. Pero todo indica lo contrario. En este sentido tiene "algunas" salidas en falso. Esas aberraciones, que lo presentan ante el mundo, son en líneas generales memorables. En su expediente tiene varias. A los 15 años era de esos que le escribía acrósticos a las niñas; eran tan buenos que las niñas nunca le pararon bolas. De eso acaso tengan la culpa sus influencias, esos ídolos secretos que han forjado su espíritu. Entre esos, el poeta uruguayo Mario Benedetti, el director de cine argentino Eliseo Subiela –director de *El lado oscuro del corazón*, película donde dicho sea de paso actúa de extra el poeta Benedetti– o el cantautor guatemalteco Ricardo Arjona, cuyas composiciones parecen del otro mundo. Ahí está por ejemplo la canción "Pingüinos en la cama": "Vamos aclarando el panorama / que hay pingüinos en la cama / por el hielo que provocas, / si hace más de un mes que no me tocas / ni te dejas sobornar por ese beso escurridizo / que busca el cielo y encuentra el piso". No le teme al ridículo ni a "declamar" poesía en público.

# el
# Cursi

# el
# Patriota

Cada dos años organiza una pere-
grinación familiar al Puente de Boyacá. Recién llega al lugar, se erige
como "vocero" de la historia oficial
rememora paso a paso la batalla
menciona antecedentes, retoma algunos detalles oscuros del pasado
–esos donde los soldados patriotas
se batieron a sangre y fuego– y los
devuelve a la actualidad con esa
mirada iluminadora en defensa de
país. Es un apasionado de las fiestas nacionales y de la bandera nacional; el "tricolor", sobre todo cuando
el viento sabanero lo agita, le hincha
los pulmones de júbilo. Por lo demás, tiene la firme convicción de que
el himno nacional supera con creces
a *La Marseillaise*. No le gusta que le
discutan esta convicción; tampoco
le gusta que hablen mal del gobierno. En esos casos suele decir que
"esos bellacos no tienen el más mínimo dolor de patria", y esto lo ex-
clama con mayor frecuencia cuando
oye los debates en el Congreso. En
cuanto a sus héroes nacionales, hay
dos figuras que ocupan un lugar de
privilegio en su corazón: Simón Bolí-
var y el presidente de la república.

...Como lo suyo es fundamentalmente el amor, hay que decir que en esta materia le ha ido como a los perros en misa. Ha tenido novias, ha tenido mujeres admirables a su lado, ha tenido "amantes" –una palabra que en otra época le parecía demasiado exótica pero ya no tanto–, se puede decir incluso que ha tenido "amores de verano" inmerecidamente placenteros, pero en todos los casos las cosas no han ido de maravilla, siempre hay algo que lo echa todo a perder y ese algo es su manía de mencionar apresuradamente la palabra "amor", de decirles "Te amo"; "Te puede parecer exagerado, pero quiero que te cases conmigo"; "Ya no quiero vivir sin ti", todo en este orden y con una diferencia de días, en ocasiones de horas. Hombre de una honestidad "brutal" –en el peor sentido de la palabra–, no se ha querido dejar guiar por aquello que decía Oscar Wilde: "Un hombre puede ser feliz con cualquier mujer mientras que no la ame". Es un apasionado de los boleros, de las rosas rojas, de las comidas a la luz de las velas, donde le advierten –siempre– que está yendo demasiado rápido,

el
# Enamoradizo

el
# Nihilista

Hace años leyó un *graffiti* que decía: "Destruye lo que te destruya". Desde entonces esa ha sido la piedra donde se erige su filosofía. Realmente, se entretiene destruyendo. Piensa con humildad que "todo" lo que existe. –y ha existido– mejor no debería existir, en virtud de una razón elemental: "Toda esa podredumbre ha sido creada defectuosamente, por cerebros defectuosos, para personas defectuosas". Desde el punto de vista teológico, critica con ahínco la manera en que Dios imparte justicia, con "esa mano invisible" tan parecida a la del economista Adam Smith. Igualmente, critica la manera de gobernar de los políticos y se pregunta en la soledad de su pensamiento: "¿Dónde están los discípulos de Platón?". Y se responde: "Muertos". En ocasiones piensa que los periódicos y las revistas "parecen escritos por una tribu de analfabetas"; en otras ocasiones, ya mucho menos acalorado, simplemente le "parecen escritos por una parranda de tarados". Adicionalmente, considera que la única forma de dialogar posible es con uno mismo; lo demás es pura carreta.

Todo comienza con un interminable desayuno de trabajo con los clientes más importantes de la compañía. Al mediodía la cosa se complica: hay que pasar por la casa de su hija para felicitar a su nieta, hay que ir al almuerzo donde el doctor A, que está cumpliendo 70 años y lo admira; puede, claro, llegar un poco tarde –antes de las 3, como hacen los que saben rendir su tiempo social– al almuerzo de Merceditas, la reina del local. En la tarde puede descansar tomándose un whisky en la taberna del club, donde a veces se encuentra con alguien que le pregunta sobre la "viabilidad" –en el argot social no puede faltar esta palabrita– de tal negocio. De paso se entera de algunos chismes; como conoce a los afectados, se limita a guardar un discretísimo silencio: no vaya a ser que esa misma noche, en el coctel de inauguración de la nueva cerveza o en la comida con el embajador, o inclusive en la fiesta donde una de esas damas de la alta sociedad –que dicho sea de paso habría dado la vida, y algo más, por casarse con él–, se le salga alguna cosa de esas.

Φ

# Maleducado

El protocolo y la etiqueta lo tienen sin cuidado. De hecho, en esas materias, se considera un analfabeta total. A lo mejor por eso se lo reconoce abiertamente por ser uno de los enemigos acérrimos del manual –"ya casi obsoleto", piensa– del venezolano Carreño. En este punto conviene recordar que se negaría a ir –gratis– a un cursillo dictado por Diana Neira; lo suyo va por otro lado, por el extremo opuesto. En definitiva, lo suyo es la mala educación. De modo que nadie se sorprende ya cuando lo invitan a una comida y deja el plato servido porque lo que le han servido no es de su agrado, o cuando se va de viaje sin despedirse de su novia –y eso que el celular lo paga ella. En ocasiones también se pone a comer dulces importados delante de la gente y no se le pasa por la cabeza ofrecerle a alguien; es de los que soplan la sopa, es de los que comen con la boca abierta, es de los que se levantan de la mesa arrastrando la silla y muchas veces ni siquiera se acuerdan de dar las gracias. Además, tiene la costumbre cronométrica de llamar a las horas de las comidas.

Es la clase de persona que no tiene ningún inconveniente en salu-
dar amablemente a un tipo que se
ha acostado con su mujer. Digamos
también que no le cuesta mucho "engatusar" a cualquiera –engatusar es
el verbo sagrado en las altas esfe-
ras políticas– con tal de conseguir un
voto, con tal de conseguir lo que sea.
Dependiendo de la ocasión, se puede
llegar a denominar a sí mismo como
un "pensador" de "derecha" o de "iz-
quierda" –lo que dicho por ellos parece más bien un chiste de borrachos
autistas a la medianoche. Cualquiera
de estos, en un examen teórico sobre
la materia, diría, sin que le tiemble la
voz, sin que se le escurran las babas,
que "las diferencias entre las diversas
corrientes son en muchas ocasiones imaginarias"; "todo depende del
punto de vista desde donde se mire".
Vale decir que son "partidarios" del
relativismo –una corriente que, por
supuesto, desconocen olímpicamen-
te. En realidad son enemigos de la
"rectitud", que es como un cuchillo
caliente con el que se acuestan todas las noches; la inconsciencia los
deja dormir tranquilos.

el
# Político

el

# Corrupto

En el colegio, a los 14 años, sobornó al profesor de matemáticas. Realmente se trataba de un soborno a medias: si no lo pasaba, estaba dispuesto a mandarlo matar. De hecho le salía más barato pagarle $20 000 a un gamín que pagar la suma que exigía el profesor. En la universidad, donde estudió derecho –se graduó con honores aunque varios compañeros sostienen que hubo algo turbio en la recta final–, tuvo que remontarse a los viejos métodos. Esta vez el problema era con la profesora de derecho procesal. Inicialmente perdió dos veces la materia. Luego hizo un curso remedial; los resultados preliminares no eran buenos. Entonces se le ocurrió tomar clases particulares. Cuando tuvo suficiente información de la vida privada de la profesora, decidió hacerle una propuesta indecente: "tome este cheque en blanco, ponga la cifra que quiera y páseme". Desde entonces no han cesado los escándalos en el sector público y privado, donde las investigaciones y las demandas han estado a la orden del día. Por supuesto, hasta la fecha no ha estado en la cárcel.

Cuando sale sin el celular siente que va en bola. Por eso no lo desampara, y se podría decir que el celular, con *ringtones* bien escogidos, tampoco lo abandona. En una época donde la "comunicación" entre humanos es un imposible –aunque las comunicaciones son cada vez mejores–, el abuso de celular se podría entender como un antídoto contra la soledad: entre más hables, estarás menos tiempo con tus pensamientos. Eso, de alguna manera, te hará sentir mejor. En todo caso, si no estás "interconectado" con el celular, puedes dedicarte un rato a chatear. Acaso puedes "conectarte" con un amigo o amiga –o mitad y mitad, recuerda que esta época da para todo– y conocer gente muy interesante: "me llamo k7. estoy muy orguyosa d mi qerpo. no tngo La siluet@ d modlo para rekortr ni El megabusto formidbl d reina dl sxo...". Como lo tuyo tal vez no es chatear, puedes limitarte a bajar música a tu computador o incluso algún videíto –no, por favor, no más pornografía de sofisticada fabricación casera. Si nada de esto te interesa, enciende tu i-Pod y transpórtate a otra dimensión...

# el **Interactivo**

ellos